Tradiciones cultural...

Estados Unidos

Molly Al...

Paulin... Peters...

Crabtree Publishing
crabtreebooks.com

Crabtree Publishing

crabtreebooks.com   800-387-7650

Copyright © 2024 Crabtree Publishing

Author: Molly Aloian
Publishing plan research and development:
    Reagan Miller
Editor: Kelly Spence
Proofreader: Marcia Abramson, Wendy Scavuzzo
Translation to Spanish: Paulina Najar-Petersen
Spanish-language copyediting and proofreading: Base Tres
Indexer: Wendy Scavuzzo
Design: Tibor Choleva
Photo research: Melissa McClellan
Production coordinator and prepress technician:
    Tammy McGarr
Print coordinator: Margaret Amy Salter

Produced and Designed by BlueAppleWorks Inc.

Cover: Rock guitar (left center); Zoloio Almonte bats during an Eastern League baseball game (center); Manhattan Skyline and The Statue of Liberty at Night, New York City (background); eagle (top left); Chevrolet Corvette Roadster (bottom right); The Statue of Liberty, New York City (right center); Hot Dog (bottom left)

Title page: Boy standing in front of American Flag

Published in Canada
Crabtree Publishing
616 Welland Avenue
St. Catharines, Ontario
L2M 5V6

Published in the United
States Crabtree Publishing
347 Fifth Avenue
Suite 1402-145
New York, NY 10016

Paperback   978-1-0396-4422-9
Ebook (pdf) 978-1-0396-4382-6

Printed in Canada/122023/CP20231206

ÍNDICE

Bienvenido a Estados Unidos

Más de 300 millones de personas viven en Estados Unidos. Muchas de esas personas nacieron en ese país, pero algunos son **inmigrantes** de otros países. Las distintas religiones, tradiciones y **razas** de la gente de Estados Unidos han ayudado a crear una cultura única.

¿Sabías qué?
La capital de Estados Unidos es Washington, D.C. 50 estados conforman Estados Unidos, incluyendo Alaska y la isla de Hawái.

Familiares y amigos se reúnen para celebrar eventos importantes como bodas y cumpleaños. Muchas veces, en estos eventos hay pastel y regalos.

Las tradiciones culturales son los días festivos, días especiales, festivales y costumbres que celebran un grupo de personas. Algunas son religiosas y otras recuerdan un día importante de la historia. En Estados Unidos, algunos días festivos se celebran en todo el país. Otros son celebrados solo en un estado en particular o por un grupo de personas. Este libro presenta muchas de las celebraciones que se llevan a cabo durante el año por todo el país.

¡Feliz Año Nuevo!

El 31 de diciembre de cada año, muchos estadounidenses celebran la víspera del Año Nuevo. A la media noche, la gente reflexiona sobre el año que pasó y da la bienvenida al año que está por venir. Amigos y familiares celebran juntos con fiestas, música, baile, desfiles y fuegos artificiales. El día de Año Nuevo, el 1 de enero, es un día de fiesta nacional. Mucha gente tiene el día libre en el trabajo y la escuela.

Cada año, un millón de personas hacen la cuenta regresiva para la media noche en Times Square, en Nueva York. Millones de personas más ven la fiesta en la televisión.

Hoppin' John es un platillo tradicional del sur del país que se come el día de Año Nuevo. Tradicionalmente se hace con frijoles, arroz, guisantes y cerdo.

Una costumbre muy popular en algunos estados del sur es comer frijoles de carita el día de Año Nuevo. Se cree que si una persona come frijoles de carita ese día, tendrá buena suerte y fortuna durante el año que comienza.

¿Sabías qué?
Muchos estadounidenses descendientes de chinos celebran el Año Nuevo chino en enero o febrero. Organizan desfiles llenos de coloridas carrozas, petardos, danzas y fuegos artificiales.

Día de Martin Luther King, Jr.

Cada año, el tercer lunes de enero, los estadounidenses honran a Martin Luther King, Jr. Martin Luther King, Jr. fue un importante líder afroestadounidense de los **derechos civiles**. Vivió de 1929 a 1968. Escuelas y negocios permanecen cerrados para que la gente pase el día recordando y celebrando su vida y sus logros.

¿Sabías qué? Martin Luther King, Jr. es mejor conocido por la famosa expresión «Tengo un sueño», que dijo en los escalones del Monumento a Lincoln en Washington, D.C. en 1963.

El Día de Martin Luther King, Jr., muchos niños marchan en desfiles. En la escuela, aprenden sobre su lucha por la igualdad.

El Día de Martin Luther King, Jr. es un día para aprender y promover la igualdad de derechos para todas las personas. Su **legado** continúa inspirando a mucha gente a difundir su mensaje de paz, amor e igualdad en todo el mundo.

Martes de Carnaval y Mardi Gras

En Estados Unidos, el Mardi Gras se celebra en febrero o marzo. A esta fiesta también se le llama Martes de Carnaval. El Martes de Carnaval es el día anterior al comienzo de la **Cuaresma**, que es un periodo de **ayuno** en la religión cristiana. Mientras que mucha gente celebra este día por razones religiosas, las divertidas tradiciones de Mardi Gras son disfrutadas por todos los estadounidenses.

En Mardi Gras, la gente viste disfraces y collares coloridos (arriba). También comen alimentos dulces, como la torta del rey (*King's Cake*, en inglés) (izquierda).

En francés, Mardi Gras significa «martes gordo». Este día, la gente come en abundancia alimentos ricos y grasosos, y también usan máscaras y disfraces. Por todo Estados Unidos hay grandes desfiles, festivales y celebraciones del Mardi Gras. El desfile más conocido del Mardi Gras se celebra en Nueva Orleans, Luisiana, en donde es una celebración estatal.

¿Sabías qué?
Los colores oficiales del Mardi Gras son verde, morado y dorado. El morado representa la justicia, el verde representa la fe y el dorado representa el poder.

En el festival de Nueva Orleans, los choferes de las carrozas avientan chucherías al púbico. Las chucherías más populares son los collares de cuentas de plástico, pero también se reparten monedas y copas de plástico.

Día de los Presidentes

El tercer lunes del mes de febrero muchos estadounidenses celebran el Día de los Presidentes, al que también llaman «el aniversario de Washington». Este día de fiesta nacional honra y recuerda a los presidentes anteriores de Estados Unidos. Dos importantes presidentes son especialmente recordados ese día: George Washington y Abraham Lincoln.

El Monumento Nacional Federal Hall de Nueva York es un lugar muy popular en el aniversario de Washington. Este fue el primer hogar del gobierno de Estados Unidos, y en donde George Washington fue declarado presidente.

¿Sabías qué?
El primer periodo presidencial de George Washington duró de 1789 a 1793. Su segundo término duró de 1793 a 1797. Los estadounidenses lo llaman «Padre de la Patria».

El presidente Abraham Lincoln es recordado por su liderazgo durante la Guerra Civil.

En las semanas o días previos a la celebración, los maestros suelen organizar eventos y dan clases sobre los presidentes de Estados Unidos, especialmente George Washington. También se llevan a cabo ceremonias especiales en honor de los **veteranos**.

Viernes Santo y Pascua

La Pascua se lleva a cabo en marzo o abril. Muchos cristianos celebran el Viernes Santo dos días antes de la Pascua. El Viernes Santo mucha gente asiste a la iglesia para recordar la muerte de Jesucristo. El Domingo de Pascua hay misas para celebrar la **resurrección** de Cristo. La gente también celebra la Pascua con amigos y familiares compartiendo la comida.

En este vitral de una iglesia se puede ver cómo murió Jesucristo en la cruz.

Los huevos de Pascua se pintan en colores brillantes ¡para que sea más fácil encontrarlos!

Decorar y buscar huevos de Pascua son otras actividades populares. La Carrera de los Huevos de Pascua de la **Casa Blanca** ha sido una tradición de la Pascua en Estados Unidos desde 1878. Se celebra el lunes después de Pascua.

¿Sabías qué?
Durante la Carrera de los Huevos de Pascua los niños empujan un huevo duro con una cuchara por el jardín de la Casa Blanca. Cada niño recibe un huevo de madera firmado por el presidente y la primera dama como recuerdo.

15

Día de los Caídos

El último lunes del mes de mayo, los estadounidenses tienen el día libre en el trabajo y la escuela para conmemorar a todas las personas que murieron combatiendo por Estados Unidos. El Día de los Caídos mucha gente visita cementerios y monumentos de guerra. En los cementerios nacionales, la gente coloca banderas de Estados Unidos sobre las tumbas de los héroes militares que han muerto. También se acostumbra ondear la bandera estadounidense a media asta desde el amanecer hasta el mediodía.

Por todo el país, la gente deja flores y banderas en los monumentos de guerra.

16

¿Sabías qué?
A las tres de la tarde, los estadounidenses hacen un momento de silencio. Entonces, la gente reflexiona sobre los valientes héroes militares que lucharon y murieron combatiendo por su país.

Esta estatua en Washington, D.C., muestra a soldados izando la bandera en Iwo Jima durante la Segunda Guerra Mundial. En ella, se rinde homenaje a los soldados del cuerpo de marines que murieron peleando por su país.

17

Día de la Independencia

El Día de la Independencia es el 4 de julio, y los estadounidenses celebran el día en el que, oficialmente, Estados Unidos se convirtió en un país independiente. Ese día en 1776, las 13 **colonias** firmaron la Declaración de Independencia en la que hacían oficial su deseo de independizarse del gobierno británico.

La gente llena la Explanada Nacional de Washington, D.C., en una de las mayores celebraciones del Día de la Independencia de Estados Unidos.

Grupos de scouts marchan en desfiles del Día de la Independencia en todo el país.

En las celebraciones del Día de la Independencia hay fuegos artificiales, desfiles, asados, carnavales, ferias, picnics, discursos políticos y ceremonias. La gente decora con banderines y globos y se visten en colores rojo, blanco y azul, que son los colores de la bandera estadounidense. Ese día, también ondean muchas banderas de Estados Unidos por todos lados.

¿Sabías qué?

El 14 de junio se celebra el Día de la Bandera por todo Estados Unidos. La bandera estadounidense recibe el sobrenombre de «las Estrellas y Rayas». Cada una de las estrellas en la bandera representa uno de los 50 estados, y las 13 rayas representan las colonias que se convirtieron en estados cuando el país se declaró independiente de Inglaterra.

Día del Trabajo

Los estadounidenses celebran el Día del Trabajo el primer lunes del mes de septiembre. Es una celebración del trabajo de los estadounidenses y un día para honrar los importantes logros **económicos** de los trabajadores de Estados Unidos.

¿Sabías qué?
El fin de semana largo por la celebración del Día del Trabajo marca para muchas personas el fin del verano. En algunos estados, la gente disfruta de hospedarse en cabañas e ir a la playa antes de que comience el otoño.

Trabajadores y sus familias marchan para pedir cambios en el sistema de salud durante un desfile del Día del Trabajo en Detroit.

El Día del Trabajo fue establecido en la década de 1880 para que los trabajadores pidieran mejores condiciones de trabajo o mejor sueldo. Los trabajadores lucharon por sus derechos en este día. Lucharon por tener ocho horas de trabajo, ocho horas de recreación y ocho horas de descanso. Hoy en día, esta celebración conmemora el inicio de la jornada laboral de ocho horas.

Las celebraciones del Día del Trabajo comenzaron en Nueva York y se expandieron por todo el país. Las mujeres de este desfile en Nueva York luchan por la creación de sindicatos que les ayuden a conseguir mejores salarios y mejores condiciones de trabajo.

Día de Cristóbal Colón y de los indígenas de Estados Unidos

El Día de Cristóbal Colón, que es el segundo lunes del mes de octubre, mucha gente conmemora la llegada de Cristóbal Colón a América el 12 de octubre de 1492. Mucha gente asiste a servicios religiosos especiales, desfiles, festivales y otras actividades en pueblos y ciudades para celebrar el largo viaje de Colón desde Europa a través del Océano Atlántico.

Una banda toca en el desfile del Día de Cristóbal Colón en Nueva York. Se cree que es el evento del Día de Cristóbal Colón más grande del mundo.

Las celebraciones del Día de Cristóbal Colón pueden incluir una réplica, o copia, de uno de los tres barcos en los que viajó el famoso explorador. Este que se ve aquí es el Santa María. ¡La gente puede visitarlo y quizás navegar en el barco!

Miembros de la Banda Indígena San Manuel celebran con vestimentas y danzas tradicionales en una reunión de los indígenas de Estados Unidos llamada powwow.

En algunos estados, la gente no celebra el Día de Cristóbal Colón. En su lugar, celebran el Día de los **Indígenas** de Estados Unidos o nativos americanos. En algunas ciudades celebran realizando ceremonias con música, ropa tradicional, danza, comida y artesanías. Es un día para celebrar la herencia de la cultura indígena en la cultura, tanto de los indígenas actuales, como de quienes no lo son.

¿Sabías qué?
Algunas personas no celebran el Día de Cristóbal Colón porque muchos **colonos** europeos que llegaron a América casi acabaron con la población indígena que vivía aquí desde hacía miles de años.

23

¡Feliz Halloween!

Los estadounidenses celebran Halloween, o Día de Brujas, el 31 de octubre de cada año. La tradición de Halloween llegó a Estados Unidos con los inmigrantes de Escocia e Irlanda. Hoy en día, los niños se disfrazan y salen a la calle a pedir dulces. Los niños tocan a las puertas de los vecinos y dicen «¡Trick-or-treat!», que en español significa «¡Dulce o travesura!», y entonces reciben dulces o sorpresas.

Unos niños piden dulces. ¡El más popular es el chocolate!

Calabazas, gatos negros, fantasmas y brujas están por todos lados, desde galletas hasta decoraciones en jardines.

Hay muchas maneras divertidas de celebrar Halloween. En Estados Unidos, la gente asiste a fiestas de disfraces, visita casas embrujadas, huertos de calabazas o va al cine para ver películas de miedo.

¿Sabías qué?
Según antiguas creencias **celtas**, Halloween es la única noche del año en la que los espíritus de los muertos visitan el mundo de los vivos.

Día de los Veteranos

El Día de los Veteranos es un día muy importante en Estados Unidos. Cada año, el 11 de noviembre la gente recuerda y honra a las mujeres y a los hombres que han servido en el ejército de Estados Unidos. Los estadounidenses agradecen a todos los que han servido a su país porque su valentía y coraje han ayudado a proteger la libertad y seguridad de Estados Unidos. Han dado su vida para que otros puedan vivir en paz.

Miembros actuales del ejército y veteranos marchan en desfiles que se llevan a cabo por todo Estados Unidos.

En algunos eventos del Día de los Veteranos se colocan coronas de flores (arriba). En otros, se organizan desfiles para rendir homenaje a los veteranos (abajo).

¿Sabías qué?
El 11 de noviembre es el aniversario del día en que se firmó el **armisticio** que terminó la Primera Guerra Mundial. La gente asiste a desfiles y va a la iglesia. Normalmente, a las 11 de la mañana, hay un periodo de silencio que dura dos minutos.

Día de Acción de Gracias

El cuarto jueves del mes de noviembre los estadounidenses celebran el Día de Acción de Gracias y la cosecha de alimentos de otoño. Normalmente pasan el fin de semana largo visitando a familiares o amigos y comiendo platillos tradicionales como pavo, relleno, calabaza, papas y pastel de calabaza. Mucha gente sale a hacer caminatas en la naturaleza o a disfrutar del aire libre. Otros ven partidos de fútbol americano en la televisión. También hay desfiles y otras celebraciones que dan comienzo a la temporada de compras navideñas.

Antes de la cena de Acción de Gracias, mucha gente agradece todas las bendiciones recibidas.

El desfile de la tienda Macy's, en Nueva York, es uno de los más antiguos del país. En Filadelfia y en Detroit también se han hecho desfiles desde hace muchos años.

¿Sabías qué?
Los indígenas de Estados Unidos organizaban ceremonias y festivales para celebrar la cosecha de otoño mucho antes de que los exploradores y colonos europeos llegaran. Agradecían y celebraban todo lo que la tierra les daba.

Navidad

Cada año, muchos estadounidenses celebran la Navidad el 25 de diciembre. Celebran el nacimiento de Jesucristo. Durante la temporada navideña, la gente decora sus casas con luces brillantes y cuelga adornos coloridos en los árboles de Navidad. En Nochebuena, mucha gente asiste a misa en las iglesias.

¿Sabías qué?
En el estado de Hawái, Papá Noel, o *Kanakaloka*, trae regalos en una canoa en lugar de un trineo. La gente desea felices fiestas a sus amigos y familiares en hawaiano diciendo: «¡Mele Kalikimaka!».

Durante la temporada navideña, la mayoría de ciudades y pueblos es decorada con luces brillantes y árboles gigantes de Navidad.

La cena navideña reúne a las familias. Los padres no van a trabajar ¡y los niños tienen una semana o más de vacaciones!

En Nochebuena o en Navidad, la familia intercambia regalos y visita a amigos y parientes. Mucha gente disfruta también de un banquete especial que incluye jamón o pavo rostizado, papas, vegetales, puré de arándanos y una tradicional salsa. Los postres navideños típicos son las galletas decoradas, los bastones de caramelo, los pasteles, las tartas y las galletas de jengibre.

Glosario

armisticio: Una pausa o fin a una lucha por acuerdo entre dos partes.

ayuno: Que se permanece sin comer.

Casa Blanca: La casa y oficina del presidente de Estados Unidos y su esposa, la Primera Dama.

celtas: Relacionado con un grupo de personas que vivieron en la antigua Gran Bretaña y diferentes partes de Europa.

colonias: Áreas gobernadas por otro país.

colonos: Las personas que se establecen en nuevos lugares.

Cuaresma: Un periodo de ayuno y arrepentimiento de los pecados que dura 40 días, desde el Miércoles de Ceniza hasta la Semana Santa.

derechos civiles: Los derechos personales que tiene un ciudadano estadounidense, tal como están escritos en las enmiendas 13 y 14 de la Constitución de Estados Unidos.

económicos: Que están relacionados al sistema de producción, compra y venta de bienes y servicios.

indígenas: Personas que viven originalmente en una zona determinada.

inmigrantes: Personas que vienen de un país para vivir en otro.

legado: Algo por lo que una persona es recordada.

razas: Un grupo de personas de ascendencia en común.

resurrección: Volver a la vida después de la muerte.

veteranos: Antiguos miembros de las fuerzas armadas.

Índice analítico